Siegfried Bütefisch

AF199759

Akquise

Kunden, Sponsoren, Unterstützer sowie Fundraising- und Netzwerkpartner gewinnen

Roter Fisch 2: Impulse für werbewirksame Kommunikation

Zu diesem Leitfaden in Taschenbuchform

Egal, ob Sie neue Kunden, Unterstützer, Sponsoren, Fundraising- oder Netzwerkpartner gewinnen möchten: Sie müssen akquirieren, also Kontakte herstellen, die Bedürfnisse Ihrer Ansprechpartner erkennen und sie überzeugen. Sie brauchen also die Fähigkeiten eines guten Verkäufers und Akquisiteurs.

So geht es in diesem Leitfaden um Impulse, wie Sie sich, Ihr Vertriebsteam und Ihre Organisation erfolgreich „ins Spiel" bringen. Denn die Grundlagen erfolgreicher Ansprache sind ähnlich – egal, ob es um Produkte, Dienstleistungen oder ideelle Inhalte geht.

Das Büchlein konzentriert sich auf die wesentlichen Prinzipien – viel wichtiger als viel zu wissen, ist es, das Erfolgversprechende zu tun. Dazu erhalten Sie die nötigen Impulse. Das Buch gliedert sich entsprechend in drei Bereiche: zunächst geht es um die Grundlagen persönlicher Kontaktaufnahme bis hin zum erfolgreichen Abschluss; zweitens geht es um die speziellen Anforderungen bei der Suche nach geeigneten Sponsoren und Unterstützern; zum Schluss wechseln wir die Perspektive und betrachten zudem Sponsoring aus der Sicht des Sponsorgebers anhand einer Checkliste – diese hilft Ihnen konkret dabei, den beiderseitigen Nutzen für den Sponsorgeber und Sponsornehmer im Akquisegespräch herauszuarbeiten.

Zum Autor

Siegfried Bütefisch ist Dipl. Grafikdesigner, Trainer und Referent sowie Fachautor. Er begleitet, berät und trainiert Organisationen und Unternehmen im Bereich Marketing und Kommunikation.

„Wer auf andere Leute wirken will, der muss erst einmal in ihrer Sprache mit ihnen reden."

Kurt Tucholsky

„Kein Kunde kauft jemals ein Erzeugnis. Er kauft immer das, was das Erzeugnis für ihn leistet."

Peter F. Drucker

„Der Hauptgrund für die Entscheidung, nicht bei Ihnen zu kaufen, ist mangelndes Vertrauen."

Zig Ziglar

Die Deutsche Nationalbibliothek verzeichnet diese Publikation in der Deutschen National-bibliografie, detaillierte bibliografische Daten sind im Internet über dnb.d-nb.de abrufbar.

3. vollständig überarbeitete Auflage 2017
© 2015 Siegfried Bütefisch, Schlaitdorf
Herstellung und Verlag:
BoD – Books on Demand, Norderstedt
Umschlag, Layout und Illustrationen:
Siegfried Bütefisch
Bütefisch Marketing und Kommunikation
www.buetefisch.de
ISBN 978-3-7448-5197-8

Inhalt

Vorwort zu den überarbeiteten Auflagen

Die Taschenbüchlein der fünfbändigen Reihe *"Der rote Fisch: Impulse für erfolgreiche Kommunikation"* sind geschrieben für „Macher" im Bereich Marketing und Kommunikation, also für

* Gestalter, Studenten und Auszubildende im Bereich Mediengestaltung
* Werbeleiter und Entscheider im Marketingbereich
* alle, die mit Wörtern, Bildern, Medien und Ihrer Persönlichkeit Menschen erreichen, überzeugen und gewinnen möchten
* Workshop-Teilnehmer

In diesen Büchern gebe ich Impulse, die darüber entscheiden, ob Ihre Werbung ankommt und die Kommunikation mit der Zielgruppe gelingt. Erfolgreiche Werbung ist mehr als gelungene Mediengestaltung. Sie braucht „Tiefe". So geht es niemals nur um die äußere Form, die Gestaltung, sondern um Inhalt, Bedürfnisse, Spannung und Dramaturgie:

Werbewirkung, Der Rote Fisch 1
Auffallen, informieren, überzeugen und bewegen

Akquise, Der Rote Fisch 2
Kunden, Sponsoren, Unterstützer,
Fundraising- und Netzwerkpartner gewinnen

Bild & Text, Der Rote Fisch 3
Prinzipien guter Bilder und Texte

Mediengestaltung, Der Rote Fisch 4
Das 1x1 guter Gestaltung / Schwerpunkt Druckmedien

Internet, Der Rote Fisch 5
Erfolg im Internet und in digitalen Medien

Der Anspruch ist, in knapper und übersichtlicher Form Impulse für grundlegende Verbesserungen zu geben, denn selten mangelt es an Worten. Es mangelt daran, Wissen umzusetzen – intelligent, zielstrebig, motiviert und zeitnah. Konzentrieren Sie sich deshalb auf das Wesentliche. Jede Kette ist nur so stark wie ihr schwächstes Glied. Machen Sie wenig, aber dieses gut. Dadurch erreichen Sie mit dem geringsten Aufwand die größte Wirkung. Das ist es, was gute Werbung ausmacht.

„Weniger ist mehr"

Doch „das Wenige" fällt niemandem in den Schoß. Das Wenige muss erarbeitet werden. Das Wenige kostet Zeit und zeigt Können. Das Wenige braucht Mut zur Entscheidung und Reduktion. An dieser Stelle ein Wort an alle Leserinnen: Bitte fühlen Sie sich wertgeschätzt, auch wenn ich auf weibliche Anredeformen verzichte. Wirklich konsequentes „Gendern" (ein Beispiel für ein unschönes Wort) macht kurze Formulierungen unmöglich. Müsste ein Bürgersteig nicht auch Bürgerinnensteig genannt werden? Wird einer Zimmerfrau eher ein Staubwedel als ein Hammer zugestanden? Ich glaube, Achtung sollte sich anders ausdrücken als durch verquere, politisch korrekte Formulierungen. Genauso wenig braucht es Anglizismen und „Werbesprech", um Kompetenz zu zeigen.

Die Qualität einer Lektüre misst sich an der Wirkung

So sind „Die roten Fische" Bücher der Tat – ähnlich den Workshops und Trainings, nur in Buchform mit Übungen, Reflektionen und Links. Die Motivation, diese Bücher zu schreiben, wurde inspiriert durch Workshopteilnehmer, die in kurzer, übersichtlicher Form schriftliche Informationen wollten, die es so in Buchform nicht gibt. Diese Bücher sind nicht geschrieben um sich zurückzulehnen, sondern um die Ärmel hochzukrempeln. Lassen Sie sich darauf ein – mit kritischem Geist. Denn viele Wege führen nach Rom und zum Ziel, finden Sie den Ihren. Profitieren Sie von Regeln und Prinzipien, aber nutzen Sie Ihre Freiheit, sie kreativ zu interpretieren:

„Man sollte die Regeln kennen, die man bricht."

Noch etwas Persönliches

Viele Dinge verändern sich rasant – besonders unsere Möglichkeiten der Kommunikation. Wer heute und morgen Erfolg haben möchte, muss stetig dazulernen. Und manchmal schließt sich der Kreis und alte Prinzipien gewinnen wieder mehr an Bedeutung. Schon vor 900 Jahren sagte Bernhard von Chartres im Bezug auf Wissen und Bildung:

„…wir sind gleichsam Zwerge, die auf den Schultern von Riesen sitzen, um mehr und Entfernteres als diese sehen zu können – freilich nicht dank eigener scharfer Sehkraft oder Körpergröße, sondern weil die Größe der Riesen uns emporhebt.“

So fühle ich mich nach über 30 Jahren in der Branche und 194 cm Körpergröße gerne als Zwerg und danke allen, die mich durch Wissen belehrt, durch Begegnungen bereichert, durch Lob ermutigt, durch Kritik aufmerksam und mit Lachen angesteckt haben. Eingeschlossen alle, die ich nicht persönlich kenne, dafür aber ihre Bücher, ihre Arbeiten, ihre Ideen, ihre Gedanken, ihre Kunst. So empfinde ich die Vielzahl der heute verfügbaren Information und Medien sehr wohl als Geschenk – ein Geschenk, mit dem wir alle lernen müssen umzugehen, um uns in dieser Vielfalt nicht zu verlieren.

Und ich danke auch gleich Ihnen – im Voraus für Ihr Feedback, Ihre Kritik und Ihre Anregungen.

Siegfried Bütefisch

Von Mensch zu Mensch

Bevor wir direkt einsteigen, ein Wort zur Struktur dieses Büchleins: Zunächst geht es um die allgemein gültigen Prinzipien erfolgreicher persönlicher Kontaktaufnahme bis hin zum Abschluss. Dann geht es um den Weg zu einer erfolgreichen Beziehung zu Sponsoren und Unterstützern; zum Schluss wechseln wir die Perspektive und betrachten Sponsoring aus der Sicht des Sponsorgebers anhand einer Checkliste – diese hilft Ihnen konkret dabei, den beiderseitigen Nutzen für den Sponsorgeber und Sponsornehmer im Akquisegespräch herauszuarbeiten.

Werden Sie persönlich, wenn es um Kontakte geht

Dinge, die eine gewisse Investition erfordern oder erklärungsbedürftig sind, können schlecht rein über Drucksachen bzw. neue Medien „verkauft" werden. Das gilt auch für die Akquisition von „potenten" Unterstützern und hilfreichen Partnern. Es braucht stets die Begegnung von Mensch zu Mensch, um im guten persönlichen Kontakt Vertrauen aufzubauen.

Die Worte „Kunde", „Angebot", „Produkt" verwende ich als Synonym, auch wenn es sich um Unterstützer, Sponsoren oder Kooperationspartner handelt. Und wenn ich Sie als Leser persönlich anspreche, dann meine ich damit immer auch Ihr Team, Ihr Unternehmen und Ihre Organisation.

Nochmals, denn es ist wichtig: Ihr Erfolg hängt davon ab, wie gut es Ihnen gelingt, Kontakte zu knüpfen und eine tragfähge Beziehung aufzubauen. Medien können den Beziehungsaufbau unterstützen und ebnen, doch die Entscheidung für oder gegen eine Geschäftsbeziehung fällt im Gespräch! Denken Sie immer daran:

Im Fokus steht Ihr Ansprechpartner mit seinen Bedürfnissen und Wünschen – die Sie hoffentlich erfüllen können.

 **Halten Sie kurz inne und reflektieren Sie**

> Ihre Telefonate
> Ihre Präsentationen
> Ihre Verhandlungen
> Ihre Drucksachen
> Ihre Internetauftritte

Worauf richten Sie üblicherweise Ihren Fokus? Auf das, was Sie „verkaufen" wollen – auf Angebotsvorteile, auf Ihr Know-How, auf Zahlen, Daten, Fakten Ihres Angebots?
Wenn ja, sagen Sie wahrscheinlich zu viel und fragen zu wenig.
Verändern Sie Ihren Fokus – auf Ihren Gesprächspartner.
Also: Sagen Sie weniger und fragen Sie mehr.

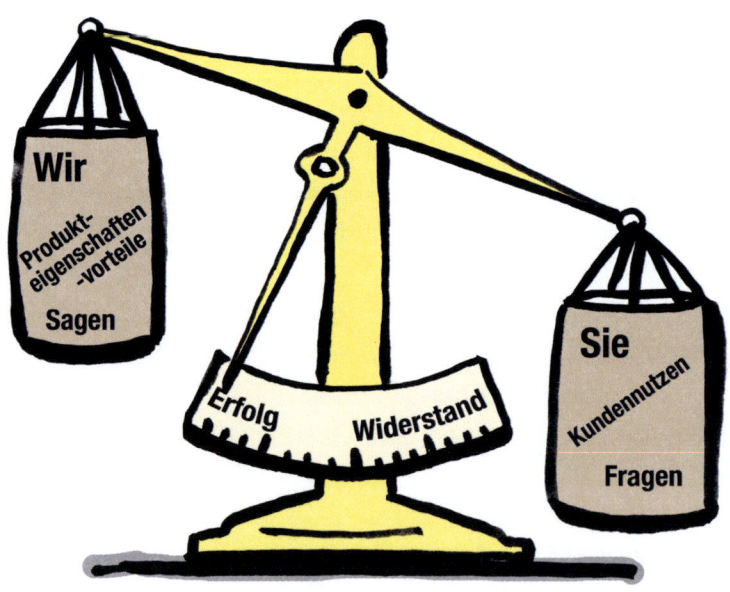

Bevor es auf den nächsten Seiten ins Detail geht, ein kurzer Überblick über die Schritte, die für eine erfolgreiche (Kalt-)Akquisition wichtig sind. Kaltakquisition heißt, dass Sie von Null anfangen und einen völlig neuen Kontakt aufbauen.

Vorbereitung
- Kontakte recherchieren, Informationen einholen, um so die Qualität der Kontakte zu bewerten
- Kommunikationsstrategie ausarbeiten, mögliche Einwände über- und vordenken
- Ideenentwicklung, mediale Unterlagen vorbereiten

Persönlich aktiv Beziehungen knüpfen, Vertrauen aufbauen
- (Kalt)akquise am Telefon
- Persönliches Treffen

Verhandeln und abschließen
- Angebot anpassen und optimieren
- Kauf- bzw. Vertragsvereinbarung treffen und abschließen

Beziehungen pflegen und ausbauen
- Kontakt zum Kunden vertiefen und ein „offenes Ohr" behalten
- Nach dem Vertrag ist vor dem Vertrag – an die Zukunft denken

Das Wissen um die einzelnen Schritte ist das eine. Der andere entscheidende Punkt ist die Qualität des Akquisiteurs. Seine Fähigkeiten und Verhaltensweisen im Umgang mit potenziellen Kunden geben den Ausschlag darüber, ob potenzielle Kunden zu wirklichen Kunden werden. Noch besser ist es, wenn Sie ein Team haben, das Sie bei der Akquisition unterstützt. Denn nicht zwischen allen Gesprächspartnern entsteht eine vertrauenvolle Atmosphäre. Unterschiedliche Persönlichkeitstypen brauchen unterschiedliche Ansprachen. Nutzen Sie die Chance und überlegen Sie, welche Person am besten ein bestimmtes Gespräch erfolgreich führen könnte. Oft macht es auch Sinn, im Team Gespräche zu führen – wenn es die Situation erfordert – und so mehr Kompetenz gezeigt werden kann.

 **Sind Sie für Ihre Akquise gut aufgestellt**

Stellen Sie sich nun folgende Fragen:

Die Akquiseverantwortlichen

❏ haben Spaß am „Verkaufen" und kommunikative Fähigkeiten

❏ vertreten ein attraktives Produkt und haben Kenntnis darüber

❏ sind willig und berechtigt zu verhandeln und zu entscheiden

❏ sind fähig, sich einzufühlen und sachlich zu argumentieren

❏ sind nachhaltig motiviert und können mit „Neins" umgehen

❏ sind lernbereit und haben Mut zur Praxis

❏ haben Zeit

❏ haben den nötigen Rückhalt

❏ haben die nötige mediale Unterstützung zur Verfügung

Hoffentlich haben Sie (fast) alle Fragen mit „Ja" beantworten können. Sonst sollten Sie dafür sorgen, dass Sie künftig besser aufgestellt sind! Falls Sie potenziell interessante Kontakte durch Unprofessionalität oder ungeschicktes Verhalten „verbrennen", haben Sie für längere Zeit keine zweite Chance mehr. Es gibt letzendlich in der Akquise nur Erfolg oder Scheitern! Es gibt keine „halben" Kunden!

Die Schritte der Akquisition im Detail

Unabhängig von der Branche, den Zielen und dem Produkt sind sich bestimmte Abläufe im Akquisitionsprozess recht ähnlich. Viel wichtiger aber ist die Persönlichkeit Ihres Gegenübers! Werfen wir nun einen detaillierten Blick auf die einzelnen Schritte. Es hat sich in der Praxis bewährt, diese Schritte systematisch zu gehen und keinen zu überspringen.

Vorbereitung:

Kontakte recherchieren, Informationen einholen, Kontakte qualifizieren

Nicht jeder Kunde und Unterstützer passt zu Ihnen. Überlegen Sie nun, wie Ihr Idealkunde „tickt". Idealkunden sind Kunden, bei denen Sie Ihre Leistungen voll ausspielen können, bei denen Aufwand und Ertrag in einem guten Verhältnis stehen und bei denen einfach „die Chemie" stimmt! Dazu gehörten neben einer vertrauensvollen Zusammenarbeit auch die gute Zahlungsmoral und der vertrauensvolle Umgang miteinander.

Denken Sie an folgende Kriterien, um Ihre Idealkunden zu finden:

* die Branche, wer passt optimal zu uns
* den Markt, stimmen auch die wirtschaftlichen Rahmenbedingungen
* die Anzahl der Mitarbeiter, „Große" wollen selten „kleine" Partner
* die Region, Nähe ist ein Vorteil
* die Kommunikationskultur, Identität, Ansichten sollten harmonieren
* die Form der Zusammenarbeit, auch hier sollten die Werte passen

Falls Sie noch einen Anhaltspunkt dafür suchen, wer Ihre idealen Kunden sein könnten – oft sind Ihre heute besten Kunden Ihren Idealkunden schon sehr nahe. Analysieren Sie deshalb Ihre besten Kundenbeziehungen.

So kommen Sie an Kontaktadressen

Mögliche Adressen finden Sie in Datenbanken, im Stellenteil der Zeitungen, in Online-Jobbörsen (Monster, Stepstone), im Internet, aber auch bei einer Fahrt durchs (nahe) Industriegebiet. Lassen Sie sich aber auch einfach inspirieren, indem Sie Augen und Ohren offen halten. Manche Lastwagenplane oder Anzeige inspirierte schon zu einem Anruf.

Folgende Überlegungen helfen Ihnen, eine gute Vorauswahl zu treffen:

- Nutzen Sie Anknüpfungspunkte und bestehende Beziehungen. Bringen Sie Ihre Referenzen optimal ins Spiel. Vorhandene Kontakte sind eine gute Ausgangsbasis für ein neues Netzwerk.

- Recherchieren Sie zunächst in Ihrer Region. Hier können Sie leichter Kontakt halten und einen guten wirtschaftlichen Service bieten.

- Wem bieten Sie einen Mehrwert? Wessen Bedürfnisse erfüllen Sie? Bringen Sie Kundenbedürfnisse und Ihre Lösungsvorschläge miteinander in Beziehung.

- Grundsätzlich interessant sind Kunden, die schon Leistungen einkaufen, die auch Sie bieten. Nicht jeder Kunde ist mit seinen Geschäftsbeziehungen zufrieden und ist durchaus wechselbereit.

- Welche Kunden stimmen mit Ihrem Idealkundenprofil überein?

Investieren Sie aber nicht zu viel Zeit in die Recherche. Lieber einige Anrufe mehr führen, als zu lange zu grübeln, ob der Kontakt wirklich Sinn macht.

Wenn Sie einen Kontakt für interessant halten, recherchieren Sie weiter, um auf die persönliche Begegnung gut vorbereitet zu sein. Sie brauchen Kenntnisse über die wichtigsten Daten, Fakten und Ansprechpartner. Sie müssen deren Zuständigkeit, Titel, Vor- und Nachname in Erfahrung bringen. Denn es nützt Ihnen wenig, mit jemandem zu sprechen, der nicht entscheiden kann. Ein wichtiger Punkt: Oft ist die Angst unberechtigt, dass ein „Chef" schwieriger zu überzeugen oder zu erreichen ist als Mitarbeiter auf einer niedrigeren Hierarchiestufe. Falls der „Chef" doch nicht zuständig sein sollte, wird er Sie weitervermitteln – und Sie können sicher sein, dann stehen Ihnen die Türen offen.

Geben Sie den Namen Ihres potenziellen Ansprechpartners in die Suchmaschine ein. Häufig findet man dort interessante Informationen für einen guten Gesprächseinstieg.

Auch im Vorzimmer sitzt ein Mensch und kein Drache. Respektieren Sie deren Aufgabe (dafür werden sie ja auch eingestellt), uninteressante Angebote abzuwimmeln. Machen Sie sich interessant und seien Sie geschickt, denn gerade Vorzimmerdamen und -herren können gute Türöffner sein.

Notieren Sie die wichtigsten Fakten der Organisation/des Unternehmens für die Justierung Ihres Gesprächsleitfadens.

Gesprächsstrategie ausarbeiten, mögliche Einwände über- und vordenken

Ziel einer Gesprächsstrategie ist es, auf ein Gespräch optimal vorbereitet zu sein. Dazu gehört es, dass man einen guten Einstieg findet und dann schlüssig argumentiert. Gründliche Vorbereitung gibt Ihnen dazu die nötige Sicherheit, und Sie können schnell reagieren. Sicher haben Sie schon das Gegenteil selbst erlebt: Nicht gut vorbereitet zu sein macht unsicher und wenig überzeugend – und das ist kontraproduktiv.

Noch einige Gedanken, die Sie nicht vernachlässigen sollten.

Kommunikation ist geprägt von Mustern. Denken Sie einmal daran, wie es Ihnen geht, wenn Ihnen am Telefon jemand etwas verkaufen möchte. Bestimmte Floskeln und Gesprächsmuster lösen bei Ihnen eine bestimmte Reaktion aus – nämlich das unerwünschte Verkaufsgespräch zu beenden.

Berücksichtigen Sie deshalb bei der Ausarbeitung Ihrer Gesprächsstrategie diese Automatismen. Ein besonders guter Akquisiteur wirkt gerade nicht wie ein typischer und oft lästiger Verkäufer. Vermeiden Sie Penetranz und Beschwatzen. Ihr Gesprächspartner hat das Recht aufzulegen, wenn es ihn nicht interessiert – und wird es auch tun. Haben Sie den Mut und die Kreativität, nicht wie ein typischer Verkäufer aufzutreten. Authentisch überzeugend sind Sie nur dann, wenn Sie Sie selbst sind. Stehen Sie zu Ihrer Persönlichkeit, Ihrer Ausdrucksweise, Ihrer Stimme. Es ist gut genug, wenn Sie begeistert, vorbereitet und freundlich sind. Der Rest macht die Übung, gepaart mit der Bereitschaft dazuzulernen.

Sorgen Sie in den Phasen des Akquisitionsprozesses für eine klare Struktur und setzen Sie sich Zwischenziele. Wenn das Telefonat ein persönliches Treffen zum Ziel hat, versuchen Sie nicht, den Ansprechpartner mit Argumenten vom Nutzen Ihres Angebotes zu überzeugen. Das kommt dann im Treffen. Machen Sie sich spannend und verschießen Sie nicht gleich Ihr gesamtes Pulver. Der Spannungsbogen und die Dramaturgie müssen den gesamten Akquisitionsprozess einschließen.

Wenige Gesprächspartner werden von Anfang an von dem, was Sie anbieten, überzeugt sein. Es wird sie aber geben. Freuen Sie sich auf diese „Glückstreffer". Manche werden auch definitiv kein Interesse zeigen. Wenn Sie mehr als drei Mal ein definitives Nein hören, beenden Sie freundlich das Gespräch. Vielleicht sieht das Interesse des potenziellen Kunden in einem halben Jahr ganz anders aus oder der Ansprechpartner hat gewechselt. Der überwiegende Teil Ihrer Gesprächspartner wird Einwände vorbringen. Das zeigt, dass er grundsätzlich Interesse hat, sich mit Ihnen zu unterhalten. Seien Sie froh darüber und nutzen Sie diese Chance. Von Zeit zu Zeit ein Nein zu hören ist völlig normal auf dem Weg zum Ja. Ein Nein ist oft die Brücke zum Ja! Und oft ist so ein Nein ein Jein und kann bei der richtigen Argumentation schnell zum Ja werden.

Ob Einwand oder Vorwand, Sie müssen diese Klippen umschiffen. Die Kopf-durch-die-Wand-Methode und mit Gegendruck widersprechen funktioniert selten. Wenige mögen die „Aber"-Argumentation. Sie können dennoch schlagfertig Ein- und Vorwände entkräften und umgehen. Wenn Sie der Typ dafür sind, geht es ganz wunderbar mit Humor. Denn wenn Ihr Humor ankommt, haben Sie schon viel für eine gute Beziehung auf Augenhöhe getan.

Es gibt einen Unterschied zwischen den Eigenschaften, den Vorteilen und dem Nutzen Ihres „Produktes", das Sie „verkaufen" möchten. Ihr Kunde interessiert sich für den Nutzen. Der Nutzen Ihres „Produktes" ist für den Kunden immer individuell. Nicht alle Eigenschaften und Vorteile sind für einen bestimmten Kunden wirklich ausschlaggebend und nützlich! Argumentieren Sie also erst dann, wenn Sie erfahren haben, was der Kunde wirklich braucht! Denken Sie immer daran: Menschen und Kunden haben zum Teil völlig andere Bedürfnisse.

Stellen Sie in Ihrer Argumentation den Wert und nicht den Preis in den Mittelpunkt. Auch ein günstiger Preis kann zu teuer sein, wenn die Bedürfnisse des Kunden nicht erfüllt werden. Stimmt der (Gegen)wert, bringt das Produkt dem Kunden mehr, als es kostet, und der Preis spielt eine untergeordnete Rolle.

Einerseits sind Ihre Gesprächspartner völlig verschiedene Persönlichkeiten, andererseits sind es einfach Menschen wie Sie und ich! Das vereinfacht die Strategieentwicklung, denn fast alle Menschen zeigen in bestimmten Situationen typisch menschliche Reaktionen – dabei kann sich der Vorsitzende eines Kleintierzüchtervereins ähnlich wie der Vorstand eines DAX Unternehmens verhalten. So reicht es meist, die erarbeitete Gesprächsstrategie nur in bestimmten Punkten flexibel und individuell auf den Gesprächspartner anzupassen. Machen Sie es nicht unnötig kompliziert.

Gespräche haben einen Sachanteil (Um was geht es inhaltlich konkret?) und einen Beziehungsanteil (Wie kommt der Inhalt beim Gesprächspartner an?). Im Akquisegespräch beinhaltet dieser Beziehungsanteil dazu zwei Aspekte für den Angesprochenen. Erstens, das Angebot passt gut für meine Firma, das Gespräch ist stimmig im Sinne meiner Rolle als Vertreter des Unternehmens. Zweitens, ich fühle mich persönlich wohl und fühle mich als Mensch wertgeschätzt sowie ernst genommen. „Fachidiot schlägt Kunde tot". Machen Sie es anders! Überdenken Sie Ihre „Sagestrategie" über Ihr Produkt und ersetzen Sie diese durch eine „Fragestrategie" über die Wünsche und Bedürfnisse des Kunden. Nutzen Sie offene Fragen (Fragen, die ein breites Spektrum an Antworten ermöglichen. Dadurch erfährt man die Wünsche und Meinungen des Gesprächspartners). Zwei Beispiele dafür: Was genau fehlt Ihnen noch in unserem Angebot?" „Was würden Ihre Vorgesetzten dazu sagen? In anderen Situationen dagegen profitieren Sie von geschlossenen Fragen (Fragen, die mit ja oder nein beantwortet werden können) – so gewinnt das Gespräch Struktur und Sie wissen genau, woran Sie sind. Beispiele dafür: „Ist es für Sie in Ordnung, wenn wir diesen Punkt jetzt abschließen?" „Ist nun alles für Sie ausreichend erklärt?" Nutzen Sie diese unterschiedlichen Fragetypen, um das Gespräch gut zu führen. So können Sie auch Vielredner einbremsen und Wenigredner aktivieren.

Mediale Unterlagen zur Unterstützung vorbereiten

Eine gute Gesprächsstrategie ist sehr wichtig. Potenziert wird die Wirkung durch passgenaue Geschäftskorrespondenz, Drucksachen und Online-Informationen. Gerade bei komplexen Sachverhalten braucht es manchmal Schriftliches, ein Bild oder eine Grafik – oder sogar ein Video. Notieren Sie in handschriftlicher Form das Wichtigste – das hilft, Missverständnisse zu vermeiden. Nützlich ist es, dem Kunden nach dem Gespräch eine Zusammenfassung zukommen zu lassen. So erkennt der Kunde, dass Sie verstanden haben, um was es ihm wirklich geht. Aber bitte beachten Sie dabei: Unterlagen und Infos in medialer Form am besten erst nach einem persönlichen Gespräch! Denn sicher kennen Sie die gern verwendete Aussage (oft eine Ausflucht): „Schicken Sie mir zunächst einmal Ihre Unterlagen". Überlegen Sie, wie oft dieser Weg zu einem persönlichen Gespräch geführt hat. Wahrscheinlich meistens nicht.

Unterlagen können missverstanden werden und Türen verschließen. Ein guter Verkäufer verkauft besser als die besten schriftlichen Unterlagen.

Noch ein wichtiger Punkt: In Zeiten des Internets vertrauen auch viele Ein-käufer und Entscheider den Informationen im Netz mehr als dem Image-prospekt. Das gilt auch für die Online-Medien! Viel interessanter als das, was Sie bzw. Ihre Organisation über Ihr Produkt sagen, ist das, was im Internet über Sie und Ihr Produkt „gegoogelt" werden kann. Medien wirken in der Akquisition dann stark, wenn Ihr Kunde prinzipielles Interesse zeigt. Es geht deshalb nicht um ein „Entweder-oder", sondern um ein verzahntes „Sowohl-als-auch". Persönliche Gespräche und Medien müssen zusam-menpassen.

Probieren Sie es einmal aus: Gerade individuell zusammengestellte Unter-lagen wirken in Zeiten der Informationsflut oftmals stärker als der „Prospekt für alle". Gerade mit „handgemachter" Visualisierung und Notizen kann man trefflich überzeugen, besonders in Zeiten von Maus und Tastatur!

(Kalt)akquise am Telefon

Dieses Thema füllt ausführlich behandelt mindestens ein Buch! (Wobei praktische Übung mehr bringt als ein noch so gutes Buch.) Deshalb an dieser Stelle nur die wichtigsten Dinge in Kürze, die Sie beachten sollten.

Das Gesprächsskript

Begegnen Sie möglichen Einwänden, indem Sie ein Gesprächsskript aus-arbeiten. Machen Sie sich rechtzeitig Gedanken über Ihren Gesprächs-einstieg und Ihre Argumentation. Kleben Sie nicht Wort für Wort an diesem Skript. Sehen Sie das Skript wie Trittsteine bei einer Flussüberquerung. So kommen Sie sicher über den Fluss, auch dann, wenn Sie zwischenzeit-lich nasse Füße bekommen sollten. Das wird nicht ausbleiben. Übrigens schafft es Vertrauen, wenn Sie kompetent, aber nicht jederzeit aalglatt per-fekt, ein Gespräch führen. Formulieren Sie in einem Skript gleich Ihre Ziele und Zwischenziele. Denn es macht einen großen Unterschied, ob Sie schon am Telefon zum Abschluss kommen möchten oder dieses Gespräch dazu nutzen wollen, ein persönliches Treffen klar zu machen!

Der richtige Zeitpunkt

Die Erfahrung zeigt, dass es nicht den passenden Wochentag und die richtige Uhrzeit gibt, Ihre Gespräche zu führen. Telefonieren Sie dann, wenn Ihre Stimmung gut und Ihre Vorbereitung abgeschlossen ist. Übrigens ist es besser für einige Stunden am Stück zu telefonieren, als die Telefonate nur zwischendurch zu führen. Am besten telefonieren Sie, wenn Sie nicht „ausgelaugt", z. B. am Ende eines anstrengenden Arbeitstages, sind. Übrigens braucht es nicht nur eine gewisse Zeit, bis Sie sich mental auf die Akquisegespräche vorbereitet haben. Auch Ihre Stimme braucht Zeit, bis sie „warm" und klangvoll wird.

Vorbereitung für das Telefonat

Sie werden bei der Akquise mehr Neins als Jas hören, das ist völlig normal. Vergessen Sie nicht: Mit jedem weiteren Nein steigt die Chance auf ein künftiges Ja. Steven Spielberg soll in seinen Anfängen über hundert Mal ein Nein gehört haben, bevor er zum ersten Mal die Chance hatte, Regie zu führen. Legen Sie sich Ihre Unterlagen, sowie Notizpapier, Stifte und Kalender zurecht. Tun Sie dies von Hand, denn das Klappern der Tastatur ist störend und macht eher den Eindruck eines Callcenters – genauso wie ein hoher Geräuschpegel im Hintergrund. Sorgen Sie für eine ablenkungsfreie Zeit und Umgebung. Übrigens telefonieren viele in Bewegung oder im Stehen besser, die Technik macht das heute problemlos möglich.

Hilfreiche Einstellung

Denken Sie daran: Sie tragen eine Bitte vor, die der andere ablehnen darf. Gehen Sie mit der Einstellung in das Gespräch, dass der Andere in Ordnung ist – egal ob er Ja oder Nein sagt. Sie möchten etwas verkaufen, aber nicht Ihre „Seele". Treten Sie nicht auf wie ein devoter Bittseller oder wie ein Mitglied einer Drückerkolonne. Lächeln und eine entspannt konzentrierte Haltung machen vieles leichter – und dazu Ihre Stimme angenehmer. Genauso wie das Gähnen – aber bitte vor dem Gespräch. Das entspannt den Kehlkopf, Ihre Stimme wird automatisch tiefer und klangvoller.

Begrüßung

Nennen Sie unbedingt den Namen Ihres Gesprächspartners (Teil der Recherche in der Vorbereitung). Wenn Sie ihn nicht wissen oder ihn nicht verstanden haben, fragen Sie nach! Oft reicht ein „Sie sind Herr ...?" und Sie bekommen den Namen genannt. Diesen dann sofort notieren, um ihn künftig parat zu haben!

Gesprächseinstieg

Ersetzen Sie, wenn möglich, „ich" und „unser" durch „Sie" und „Ihr". Wie schon betont: Vermeiden Sie typische Verkäufersätze und altmodische Formulierungen. Denn offensichtliche Telefonverkäufer werden schnell „abgewimmelt". Im Übrigen gilt Ähnliches wie für gute Werbesprache: Verwenden Sie einfache Wörter, bilden Sie kurze, verständliche Sätze, achten Sie auf aktive Formulierungen satt Passivkonstruktionen. Vermeiden Sie Superlative und Verneinungen. Nutzen Sie mehr Verben und weniger Adjektive und verzichten Sie auf Füllworte. Kommen Sie schnell auf den Punk ohne gehetzt zu wirken. Fragen Sie grundsätzlich, ob für Ihren Gesprächspartner der Zeitpunkt für das Telefonat passt. Sprechen Sie an, wie lange Sie gerne mit Ihrem Gesprächspartner reden möchten. Beispielsweise einfach so: „Passt es jetzt für Sie, dass wir uns 5 Minuten über xxx (hier nennen Sie ein Thema, das für Ihren Gesprächspartner wahrscheinlich von Interesse ist) unterhalten?" Bereits an dieser Stelle müssen Sie in der Lage sein, die ersten Ein- bzw. Vorwände zu umgehen. Versuchen Sie auf keinen Fall Widerstände mit Gegendruck zu kontern, und lassen Sie sich nicht auf sinnlose Diskussionen ein. Überspitzt ausgedrückt: Wollen Sie überzeugen oder Recht haben? Übrigens gibt es gar nicht so viele unterschiedliche Einwände. Die meisten kennen Sie aus eigener Erfahrung sicherlich: „Keine Zeit", „Kein Bedarf", „Schon gut versorgt", „Kein Budget", „Schicken Sie mir zunächst etwas zu", „Melden Sie sich wieder in einem Jahr", „Ich kann das nicht entscheiden". Auch wenn es im ersten Moment so klingt – das Gespräch muss hier noch nicht zu Ende sein, wenn Sie richtig reagieren. Arbeiten Sie im Vorfeld aus, wie Sie diesen Einwänden begegnen. Eine gute und sympathische Einwandbehandlung ist der Schlüssel für ein gutes

Gespräch und den Beziehungsaufbau. Unterwürfigkeit und Rechthaberrei schaden einer Beziehung auf Augenhöhe mit gegenseitigem Respekt. Überlegen Sie: Wollen Sie überzeugen oder Recht haben?

 **Versetzen Sie sich in die Haut Ihres Gesprächspartners**

Überlegen Sie nun, welche Formulierungen das Gespräch stocken lassen und welche das Gespräch weiterbringen.

Nehmen Sie im „stillen Kämmerlein" die Argumente des Kunden vorweg und geben Sie darauf gute Antworten.

Informationen gewinnen

Bringen Sie die Wünsche und Bedürfnisse des Kunden in Erfahrung. Hören Sie aktiv zu. Lassen Sie den Kunden ausreden und fragen Sie gezielt nach, um genau zu erfahren, worauf es dem Kunden ankommt. Fragen Sie von Zeit zu Zeit, ob es für den Kunden in Ordnung ist, das Gespräch auf diese Art zu führen. Eventuell erfahren Sie, welche Ansprechpartner für Sie ebenfalls wichtig sind.

Argumentieren und Einwände ernst nehmen

Bringen Sie Ihr Angebot in Beziehung zu den Kundenwünschen. Stellen Sie die Dinge heraus, die schon passen, und bieten Sie gegenfalls Lösungen an, es passend zu machen. Wie schon gesagt, steigen Sie nicht unnötig tief in die Argumentation ein, wenn das Telefonat „nur" zum Ziel hat, ein persönliches Treffen zu vereinbaren. Steigern Sie die Lust auf ein Folgegespräch. Nutzen Sie die gewonnenen Informationen zur Vorbereitung. Selten möchte der Kunde unerwarteterweise schon am Telefon alles klar machen. Seien Sie auch auf diesen Fall vorbereitet, gehen Sie darauf ein – und freuen sich über diesen Glückstreffer!

Gesprächsabschluss

Fassen Sie nochmals zusammen, halten Sie Vereinbarungen und die nächsten Schritte fest. Wiederholen Sie die wichtigsten Kundenaussagen in eigenen Worten ohne zu langweilen. Achten Sie darauf, nicht einen Schritt zurückzugehen und thematisch wieder ins Thema einzusteigen.

Verabschiedung

Bedanken Sie sich und verabschieden Sie Ihren Gesprächspartner freundlich (mit Namen!). Auch von dem Gesprächspartner, von dem Sie viele Neins gehört haben und der jetzt kein Kunde werden wird. Ein Nein bei einem einzelnen Akquisegespräch ist kein Grund für Enttäuschung – es ist völlig normal, mehr Neins als Jas zu hören.

Nachbereitung des Gespräches

Meist ist eine Mail mit ganz knapper Zusammenfassung hilfreich. Manchmal ist ein nettes Kärtchen emotionaler. Wenn Sie ein pfiffiger, lustiger Mensch sind und das bei Ihrem Gesprächspartner ankommt, dürfen Sie sich Humorvolles trauen. Schmunzeln ist auch in der Akquisition erlaubt. Aber bleiben Sie in der Sache seriös. Wenn Sie vereinbart haben, Unterlagen zuzuschicken, dann versehen Sie diese mit persönlich beschriebenen Haftnotizen an wesentlichen Stellen. Das spiegelt Ihr Interesse und Engagement.

Gesprächsdokumentation

Nutzen Sie für sich – und alle Beteiligten – im Nachgang am besten ein Gesprächsprotokoll. Der Grund: Sie erinnern sich bereits nach kurzer Zeit an viel weniger Gesprächsdetails als kurz nach der Unterhaltung. Sie werden dankbar für dieses Protokoll sein, wenn die Gespräche mit dem Kunden in die nächste Runde gehen. Durch das Überdenken des Gesprächs erkennen Sie, wo Sie noch besser werden können. Je nach der Menge der Kontakte hat hier die digitale Form Vorteile. Es gibt zudem spezielle Programme, die Sie in Ihrer Akquisition unterstützen.

Haben Sie Mut zur Kaltakquise!
Wann fangen Sie damit an?

Übrigens, wenn Sie in das kalte Wasser der Akquise springen,
wird es Ihnen bald warm und Sie erfahren viel über Ihre möglichen
Kunden. Diese Gespräche helfen Ihnen dabei, Ihre Form der Angebote zu überdenken und attraktiver zu machen.

Persönliches Treffen und Präsentation

Vieles, was für das Akquise-Telefonat gilt, lässt sich auf ein persönliches
Treffen übertragen. Jetzt steht aber ein anderes Ziel oder Zwischenziel an!
Jetzt muss Ihr Ziel sein, eine Geschäftsbeziehung aufzubauen und einen
neuen Kunden zu gewinnen. Nun ist die Zeit für die Argumentation über
den Kundennutzen gekommen. Nun kann die Beziehung vertieft werden, und Sie können etwas dafür tun, dass die Chemie auch auf der
persönlichen Ebene stimmt. Es ist wie bei einem Eisberg – der größte
Teil ist unsichtbar unter der Oberfläche verborgen. Beziehung beginnt
„unten" – Beziehungsqualität hat einen hohen unbewussten Anteil. Es
kommt nur zu einem kleinen Teil auf die Fakten an, viel wichtiger sind Sym-
pathie und Vertrauen.

Die Präsentationsmöglichkeiten sind bei einem persönlichen Treffen weitaus besser als am Telefon. Eine gelungene Visualisierung und mediale Unterstützung erhöht die Chance auf einen erfolgreichen Abschluss. Auch wenn
Sie bei einem persönlichen Treffen üblicherweise mehr Zeit haben und der
Gesprächspartner bewusst mehr Zeit mitbringt – kommen Sie trotzdem
immer auf den Punkt und langweilen Sie nicht. Ziel eines persönlichen
Treffens ist es, Hindernisse, die einer Geschäftsbeziehung im Wege stehen,

auszuräumen und den Auftrag zu gewinnen. Je nach Komplexität können weitere Gespräche nötig werden, bis eine für beide Seiten attraktive Vereinbarung getroffen werden kann.

Menschen kaufen unbekannte Dinge von Menschen, die sie kennen.

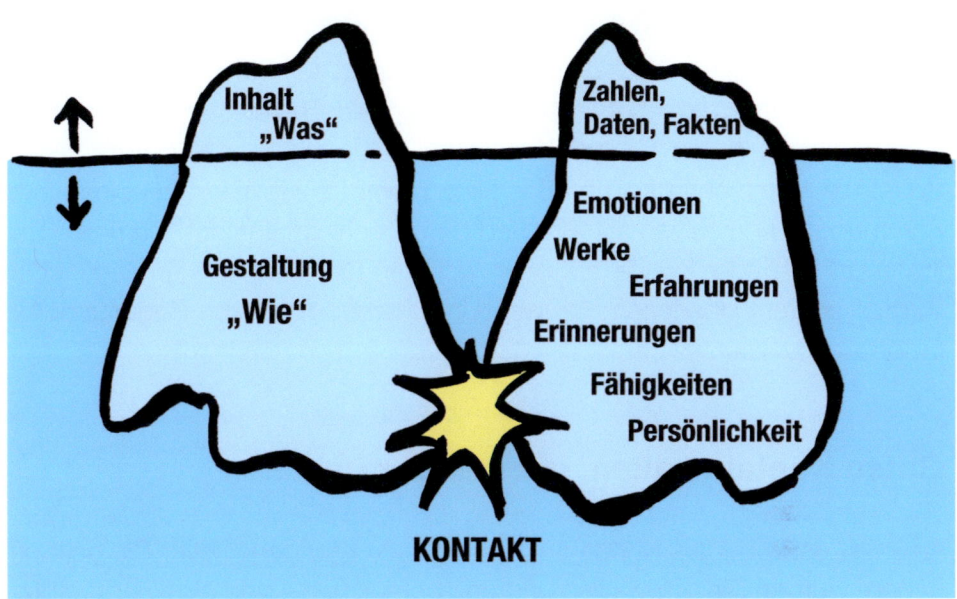

Vertragsvereinbarungen treffen, Abschluss

Halten Sie klar fest, welche Leistungen Sie für welche Gegenleistungen bieten. Das beugt Unklarheiten vor und vermeidet Ärger. Gerade wenn Gespräche in einer guten Stimmung „wie unter Freunden geführt werden", laufen wir Gefahr, Dinge wie unter Freunden zu regeln. Aber Geschäft bleibt Geschäft und klare Vereinbarungen stehen einer freundschaftlichen Geschäftsbeziehung nicht im Wege, im Gegenteil. Oft reicht ein detailliertes

Angebot, manchmal braucht es einen Vertrag und in speziellen Fällen kann nur juristische Hilfe für zusätzliche Klarheit für beide Seiten sorgen. Auch hier gilt die Maxime:

So einfach wie möglich, so komplex wie nötig.

Wenn Gespräche bisher gut geführt wurden, geschieht der Abschluss wie von alleine. Natürlich spielt der Preis eine Rolle, aber wenn Sie über den (Mehr)Wert für den Kunden Ihre Argumentation aufgebaut haben und nicht über den günstigen Preis, werden Sie weit weniger „gedrückt" werden. Der Kunde mag für Sie König sein, das sollte für Sie aber kein Grund sein, sich klein zu machen. Sehen Sie sich als Anbieter auf Augenhöhe! Ein Abschluss muss für beide passen, beide sollen davon profitieren. So ist die Unterschrift kein großes Ding mehr. Überprüfen Sie einmal Ihre Stimmung, wenn es „ernst" wird und der Abschluss ansteht. Kommen bei Ihnen dann wieder Zweifel auf oder möchten Sie drängen? Ihr Gegenüber wird es spüren! Überlegen Sie, was Unsicherheit bei Ihrem Gegenüber für Emotionen auslöst.

Guten Kontakt halten, offenes Ohr behalten

Ihnen ist es sicher als Kunde auch schon so ergangen: Bevor Sie gekauft haben, wurden Sie umworben und umschmeichelt – und als Kunde plötzlich fallengelassen. Das enttäuscht und hinterlässt kein gutes Gefühl – im Gegenteil, Sie fühlen sich zu Recht getäuscht.

Deshalb: Sorgen Sie dafür, dass Sie Ihre Aufmerksamkeit, Ihren Service für den Kunden über alle Phasen der Geschäftsbeziehung auf einem gleichmäßigen Niveau halten. Stark anfangen und dann nachlassen kommt nicht gut an! Nicht selten vertieft eine kulante Reklamationsbearbeitung die Kundenbeziehung weitaus mehr als ein guter Abschluss. Geben Sie der Kundenpflege eine hohe Bedeutung. Aber sorgen Sie für das angemessene Maß. Beispielsweise möchte nicht jeder Kunde Geburtstagswünsche, Anrufe und ungefragt Informationen erhalten. Klären Sie diese Dinge wenn möglich im Voraus – zudem werden die Werbegesetze bezüglich Werbegeschenken weiter verschärft. Wie schon gesagt: Machen Sie Ihrem Kunden eine Freude, bringen Sie ihn zum Schmunzeln oder Nachdenken. Ganz wichtig: Reagieren Sie, wenn der Kunde Sie wirklich braucht engagiert und kompetent!

Nach dem Vertrag ist vor dem Vertrag

Produkte, Dienstleistungen, Kooperationen, Sponsoringverträge haben ein bestimmtes „Verfallsdatum". Die Zeiten ändern sich, und so müssen Sie bei einem erneuten Angebot sicherlich viele Dinge nachjustieren und wieder passend machen. Binden Sie hier Ihre Kunden möglichst ein, hören Sie genau zu und sprechen Sie eventuelle Schwachpunkte an. Nutzen Sie das Kundenfeedback und Ihre zwischenzeitlichen Erfahrungen, um noch besser zu werden. Reagieren Sie aber nicht erst kurz vor dem „Verfallsdatum Ihrer Geschäftsbeziehungen", sondern rechtzeitig. Fragen Sie nach, wann es für den Kunden Sinn macht, über einen Anschlussabschluss zu reden.

Ihr Ziel sollten langfristige Geschäftsbeziehungen sein.

Denken Sie daran – die Gewinnung von Neukunden ist weit aufwändiger als die Pflege des Kundenstamms.

 **Eine Überlegung wert**

Die meisten Menschen reden nicht gerne mit dem Kunden über eventuelle Schwächen der eigenen Leistung. Ist die Rechnung erst einmal bezahlt und hört man keine Klagen mehr, heißt das für die meisten: Lieber nicht mehr so genau nachfragen. Vielleicht möchte man vermeiden, unnötig „ein Fass aufzumachen". So vergeben Sie jedoch Chancen, die Bedürfnisse des Kunden besser kennen zu lernen und sich besser auf den Kunden einzustellen.

Impulse für Beziehungen zu Unterstützern

Nicht alles, was als Sponsoring bezeichnet wird, verdient auch diese Bezeichnung!

Eine „echte" Sponsoringbeziehung beruht auf Leistung und Gegenleistung. Aber vieles, was Sponsoring genannt wird, ist letztlich nur Gefälligkeit, ähnlich einer Spende, und wird nur steuerlich als Sponsoring behandelt.

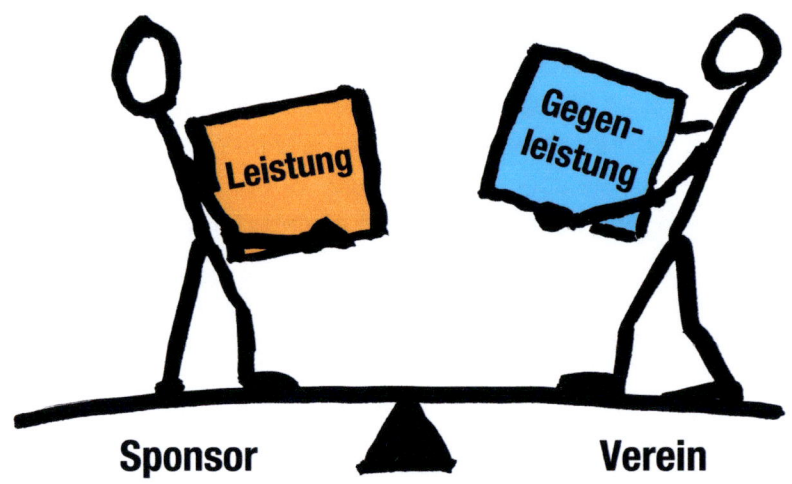

Wer erwartet von einer Anzeige im „Blättle" wirklich neue Kunden? Wer profitiert wirklich und überprüft, ob seine Umsätze durch Bandenwerbung gestiegen sind? Wer erwartet von einem Satz neuer Trikots geschäftlichen Mehrwert? Wahrscheinlich wenige und das zu Recht. So erwarten wenige wirklichen wirtschaftlichen Mehrwert von den Sponsoringaktivitäten – es sind einfach Spenden, die als Sponsoring abgerechnet werden. Und wenn es doch etwas nützen sollte, dann freut sich der Sponsoringpartner. Vermeintliche Sponsoren sind oft Menschen, die nicht nein sagen. Beispielsweise, weil Sie eine gute Beziehung zum Gesponserten haben und sich in der Pflicht fühlen. Echte Sponsoren sagen bewusst ja zu Leistung und Gegenleistung, verfolgen einen strategischen Plan mit Ihrer Investition.

Nutzen Sie alle Arten möglicher Unterstützung

Machen wir diese Art von „Sponsoring" aber nicht schlecht. Jeder profitiert auch von „Gefälligkeitssponsoren". Aber nur selten gelingt es, diese Unterstützer zu echten Sponsoren zu machen, ohne grundlegend etwas zu ändern. Denn echtes Sponsoring heißt, Leistung und Gegenleistung zum Gesprächsthema zu machen. Nur so gewinnt der Kunde das Gefühl, ein Produkt zu erhalten, das ihm tatsächlich Vorteile einbringt.

So schaffen Sie die Basis für eine gute Sponsoringbeziehung

Attraktiv für einen Sponsor zu werden, das geht nicht von heute auf morgen. Sponsorfähig zu werden, ist eine Investition in die Zukunft. Das bedeutet Professionalisierung und geht nicht einfach so nebenbei.

- Es müssen die konzeptionellen Hausaufgaben gemacht werden
- Es muss Zeit, Energie und Geld investiert werden
- Es braucht Verantwortliche, die sich engagieren
- Es braucht meist professionelle Unterstützung
  (oder führen Sie z. B. Baumaßnahmen ohne Fachleute aus?)

Ihre Organisation profitiert aber nicht nur von Sponsoren. Vieles, was Sie tun, um Sponsoren zu gewinnen, macht Ihre Organisation auch für Spender, Mäzene und Kooperationspartner attraktiv.

Jeder Unterstützer hat eine andere Motivation –
und verdient es, auch entsprechend behandelt zu werden!

Denken Sie deshalb niemals nur an bestimmte Aktivitäten, sondern an alle Möglichkeiten des Fundraisings. Unter dem Begriff Fundraising fallen alle Aktivitäten, die dem Verein Ressourcen beschaffen – Sachleistungen, Geld, Arbeitszeit, „Türöffnerkontakte" u. Ä. Die Notwendigkeit des Fundraisings steigt, sobald die Förderquote der öffentlichen Hand sinkt. Die aktuelle Entwicklung auch in Deutschland zeigt, dass die Organisationen künftig sich weniger auf öffentliche Unterstützung verlassen sollten.

Die folgende Grafik zeigt exemplarisch die Unterschiede zwischen Mäzenen, Spendern, Sponsoren und Partnern. Wir nutzen als Überbegriff für alle Aktivitäten Fundraising (übersetzt Mittelbeschaffung). Damit orientieren wir uns an der im angelsächsischen Raum gebräuchlichen Definition. Im deutschen Sprachraum bezeichnet Fundraising eher die Aktivitäten, bei denen die Unterstützer wenig oder keine materielle Gegenleistung erwarten.

Wichtig dabei: Mäzene, Spender und Sponsoren unterscheiden sich nicht durch die Summe des Betrages! Es gibt Großspender und Kleinsponsoren. Der Unterschied beruht auf den unterschiedlichen Bedürfnissen. Beachten Sie vor allem die steuerrechtlichen Unterschiede im Fundraising. Dazu gleich ein wenig Information.

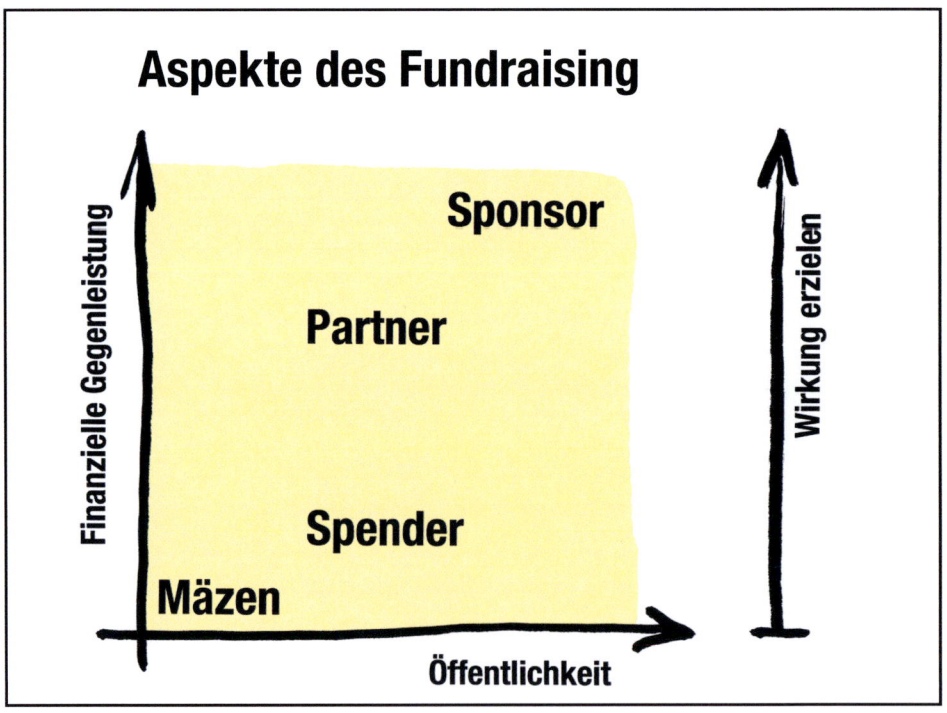

Zurück zum Aufbau einer guten Sponsoringbeziehung: Manche Argumente sind ähnlich, egal, ob es sich um einen Spender oder Sponsor handelt.

Manches aber auch grundverschieden. Nur mit einem Sponsor müssen Sie über Leistung und Gegenleistung diskutieren, über die Anzahl möglicher Kontakte, über die Bedeutung für das Image einer Sponsorenpartnerschaft. Meist stehen Sie nur mit einem Sponsor im regen Austausch und verhandeln die Konditionen.

„Echte" Sponsoren möchten eine Gegenleistung, die sich wirtschaftlich rechnet. So kann sich auch ein besseres Image mittel- und langfristig wirtschaftlich auszahlen.

Der Nutzen für den Sponsor könnte sein

- Werbeplattform: Kontakte zu potentiellen Kunden und Multiplikatoren
- PR: Bekanntheit steigern
- Verantwortung: soziales und gesellschaftliches Engagement zeigen
- Image: Transfer bzgl. Emotionalität und „Geist"
- Know-How Transfer
- exklusive VIP-/Incentive-Aktionen

Der Nutzen für den Gesponserten könnte sein

- Geldmittel
- Sachmittel, Dienstleistungen
- Unterstützung durch Know-How
- Unterstützung durch Arbeitsleistung
- Synergieeffekte mit Sponsor (Kontakte, Multiplikatoren u. Ä.)
- Profitieren vom Image und Netzwerk des Sponsors

So kann sich ein Sponsor Spannung und Emotionalität einkaufen. Red Bull ist ein Beispiel für ein Produkt, das ausschließlich über Sponsoring beworben wird. Das Image „Höchstleistung und Leistungssteigerung" wird dem bekannten „Zuckerwasser mit Koffein" mit Hilfe des gesponserten Extremsports eingehaucht. Die Marketingkosten für das Sponsoring liegen um ein Mehrfaches über den Produktionskosten der Limonade!

Zwischenbemerkung zu steuerlichen Fragen

Grundsätzliches zu Besteuerung

Steuergesetze sind nicht einfach, und immer wieder werden Richtlinien geändert. Sorgen Sie unbedingt dafür, hier kompetent beraten zu sein, wenn es um Sponsoring und Co. geht. Sie können hier Fehler machen, die Ihnen viel Ärger einbringen, Geld kosten und eventuell sogar den Sponsor mit in die Schwierigkeiten hineinziehen. Das kommt nicht gut an. Grundsätzlich unterscheiden die Finanzämter grob drei Formen der Unterstützung:

- Das Nutznießen aus einer Erbschaft
- Die Spende
- Die Sponsoringleistungen

Wir konzentrieren uns an dieser Stelle nur auf das Thema Sponsoring. Beachten Sie, dass wir als Marketing und Kommunikationsdienstleister keine Steuerprofis sind und nur steuerliche Dinge weitergeben. So nehmen Sie bitte folgende Ausführung nur als Anhaltspunkt ohne Gewähr, dass diese Ausführungen im Detail fachlich völlig korrekt und aktuell sind.

Jedes Sponsoringprojekt sollte daher in seinen Konsequenzen vorab für den Sponsor und für den Empfänger der Sponsoringleistung auf seine steuerrechtlichen Auswirkungen (ertragssteuerlichen und umsatzsteuerlichen Aspekte) geprüft werden.

Das steuerliche Interesse des Sponsors

Der Sponsor hat grundsätzliches Interesse, seine Sponsoringleistungen, wie jede seiner anderen Werbemaßnahmen auch, in voller Höhe als Betriebsausgaben absetzen zu können. Dazu müssen die Sponsoringleistungen von Seiten des Gesponserten werbewirksam sein oder das Image des Unternehmens fördern. Zudem müssen diese angemessen sein. Mit einem kleinen Verein einen millionenschweren Sponsoringvertrag abzuschließen, wird nicht anerkannt werden. Leistung und Gegenleistung müssen passen.

Der Gesponserte hat steuerlich zu beachten

Die Leistungen des Sponsors führen zu Einnahmen des Gesponserten. Dem Gesponserten ist daran gelegen, die Mittel möglichst vollständig für die geförderten Zwecke einsetzen zu können. Er strebt daher eine Steuerfreiheit an. Dies ist aber bei gemeinnützigen Körperschaften nur bei rein „ideellen Leistungen", z. B. Spenden, möglich.

Bei Sponsoringleistungen gilt es zu unterscheiden:

- Aktive Unterstützung der Werbeaktivitäten des Sponsors. Z. B. Logo mit Verlinkung oder der Hinweis auf die Leistungen des Sponsors. Die Einnahmen aus dem Sponsoring werden dem wirtschaftlichen Geschäftsbetrieb zugeordnet. Diese Leistungen müssen dann voll mit 19 % Umsatzsteuer versteuert werden.

- Reine Duldungs- und Gestattungsleistungen. Z. B. Logonennung mit ausschließlichem Hinweis auf freundliche Unterstützung durch. Die Einnahmen aus dem Sponsoring werden dem Zweckbetrieb bzw. der Vermögensverwaltung zugeordnet. Diese Leistungen werden dann mit dem reduzierten Umsatzsteuersatz von 7 % versteuert.

Bei der Sponsoringvereinbarung ist zu beachten, dass für jede Leistung ein bestimmter Betrag ausgewiesen wird, der auch in Rechnung gestellt wird! Die Einzelauflistung gilt auch für Sponsoringpakete. Rabatte und sonstige Nachlässe sind nicht zulässig. Jeder Leistung des Sponsors muss ein genau zu beziffernder Betrag gegenübergestellt werden. Wichtig bei mehreren Sponsoren: Gleiche Leistungen müssen dem gleichen Gegenwert entsprechen. Für spezielle Sponsoringleistungen, wie z. B. VIP-Logen, gelten steuerlich besondere Vereinbarungen. Liegen die Einnahmen aus dem wirtschaftlichen Geschäftsbetrieb unter der Freistellungsgrenze, sind die Einnahmen steuerfrei!

Gehen Sie niemals leichtfertig mit steuerrechtlichen Fragen um. Das kann Sie im schlimmsten Fall mehr kosten, als dass Sie profitiert haben.

 **Brainstorming**

Überlegen Sie, was Sie außer der üblichen direkten finanziellen Unterstützung nötig haben und wie Sie von Unterstützern noch profitieren können.

Sammeln Sie Ideen, orignelle Dinge, die nur Ihre Organisation bieten kann. Manchmal sind Sie betriebsblind. Nehmen Sie für das Brainstorming externe Teilnehmer mit ins Boot.

Einige Gedanken zum Netzwerken...

Spielen Sie über Bande

Ein Netzwerk lebt davon, dass Sie nicht nur wollen, sondern geben und vor allem andere mit ins Spiel bringen. Eine Metapher dafür: Wenn Sie Kopfarbeiter sind und es zudem im Kreuz haben, macht es wenig Sinn, den Netzwerkpartner beim Umzug körperlich zu unterstützen. Bringen Sie jemand anderen ins Spiel, der mehr tragen kann als Sie. So wird das Netzwerk größer und Sie haben keinen Bandscheibenvorfall, von dem keiner etwas hat.

Verlässlichkeit

Nicht am Reden und Versprechen, sondern am Tun zeigt sich Charakter und Verlässlichkeit. Ein starkes Netzwerk lebt von Verbindlichkeit. Wieder eine Metapher: 3000 Facebookfreunde, aber niemand, der einem beim Umzug hilft, wenn man ihn braucht. Ein Netzwerk misst sich nicht an der Größe sondern an der Stabilität. Im engen Kreis sind die Maschen dichter! Und natürlich, werden Sie beim Netzwerken auch enttäuscht werden. Wichtig ist aber das, was sich an verlässlichen Beziehungen ergibt.

Den potenziellen Sponsor und Unterstützer überzeugen

Nutzen Sie W-Fragen

Jeder Journalist weiß um den Wert von Fragewörter wie, wann, wo, weshalb, wie viel, wer, wer noch, etc. Die vier W-Fragewörter nämlich WAS, WESHALB , WIE, WIE LANGE sind besonders wichtig bei Ihren Aktivitäten und Gesprächen rund um das Sponsoring:

- Um WAS geht es?
- WESHALB machen wir es?
- WIE machen wir es?
- WIE LANGE läuft der Vertrag?

Die Strukturierung mit diesen vier Fragewörtern hilft Ihnen, auf den Punkt zu kommen und Ihre Gespräche und Argumente schlüssig aufzubauen.Der Fokus auf die W-Wörtern hilft Ihnen auch, Ihren Sponsoringbrief überzeugend zu formulieren.

Ein konkretes Beispiel

WORUM geht es, was ist der Grund unseres heutigen Gesprächs/Anschreibens?

„… Wir möchten Sie bitten, unser Projekt als Sponsor zu unterstützen. Es geht konkret um …"

WESHALB kommen wir auf Sie zu? WESHALB profitieren Sie davon?

„… Sie kennen das Problem mancher Jugendlicher mit Übergewicht. Deshalb haben wir mit Ihnen Kontakt aufgenommen, weil wir wissen, dass sich gerade Ihr Unternehmen mit Gesundheitsprogrammen für Auszubildende hervortut. Gesundheitsvorsorge heißt, soziale Verantwortung zu übernehmen für Sie und uns – und deswegen könnte eine Sponsoringbeziehung für uns beide lohnend sein …"

WIE?

„… Sie als potenzieller Unterstützer profitieren von unseren verschiedenen Sponsoringpaketen, indem Sie folgende Vorteile haben… Für jeden „Geld-beutel" ist somit etwas dabei. Selbstverständlich bieten wir Ihnen für jedes unserer Sponsoring-Pakete die entsprechende Gegenleistung…"

 **Bereiten Sie sich gut vor**

Nutzen Sie dieses Beispiel, um Ihre Argumentation zu schärfen und zu trainieren. Es ist wichtig, gut vorbereitet zu sein, um im Gespräch nicht unnötig improvisieren zu müssen. Machen Sie sich ein Gesprächsskript (vgl. Abschnitt Akquise).

Überlegen Sie, welche Informationen Sie über Ihren potenziellen Sponsorpartner haben sollten, welche konkreten Bedürfnisse er haben könnte. Darauf bauen Sie Ihre Präsentation auf. Auch hier gilt das Gleiche wie bei der Vorbereitung zur erfolgreichen Akquise.

Denken Sie auch an mögliche Einwände. Vielleicht können Sie im Rollenspiel mit Ihren Mitstreitern einige Klippen entschärfen!

Denken Sie daran, ein flexibles Angebot zu machen. Hilfreich dabei ist die Salami-Taktik: Manchmal darf es etwas mehr sein, was Sie verlangen können. Und manchmal müssen Sie von Ihren Erwartungen einige „Scheiben" abschneiden.

Üblicherweise sind Ihre Ansprechpartner für das Sponsoring die Marketing-verantwortlichen eines Unternehmens und nicht die Geschäftsführung.

Informieren Sie sich über die Kommunikationskultur Ihres potenziellen Sponsors.

12 Schritte zur Professionalität

Einige dieser Schritte werden Sie an den ersten Teil dieses Büchleins erinnern und sind dort ausführlich beschrieben. Doch für professionelle Fundraising-Aktivitäten (Fundraising nutzen wir als Überbegriff) sind zusätzlich einige ergänzende Maßnahmen am Anfang notwendig.

Denn gut akquirieren und verkaufen können Sie nur das, was die Bedürfnisse Ihres potenziellen Unterstützers wirklich befriedigt. Sie müssen ein klares Profil haben (der Unterstützer möchte wissen, wer Sie wirklich sind) und Ihr Produkt muss attraktiv sein. Sonst erschließt sich weder die materielle noch ideelle Gegenleistung.

Deshalb müssen Sie sich mit Ihrem Profil und der Qualität Ihres Angebots sowie der Ihres Produktes ausführlich beschäftigen!

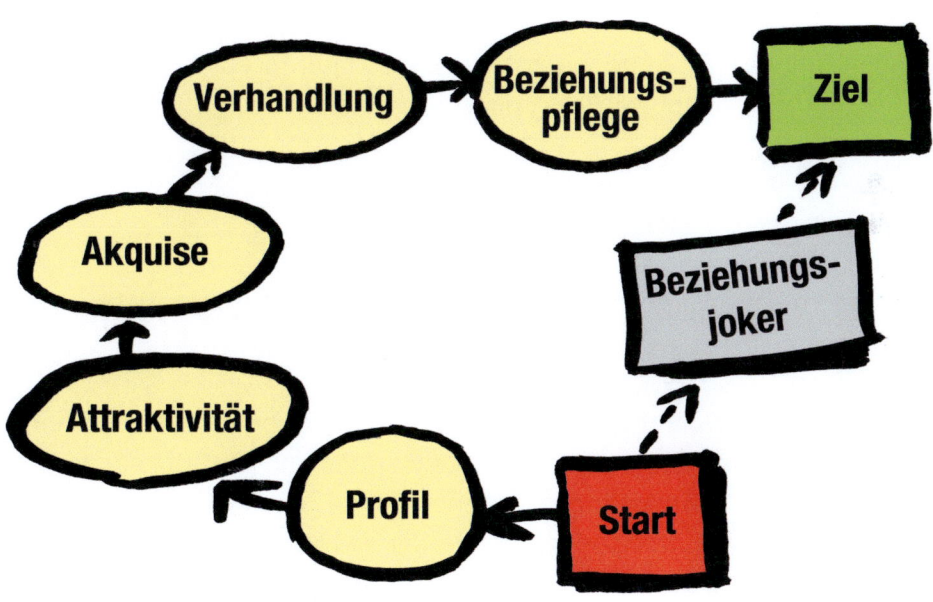

Nun alle Schritte in der Übersicht:

Umfeld erkennen sowie Profil entwickeln und schärfen

1. Analyse der eigenen Möglichkeiten und der Rahmenbedingungen, Vergleich mit anderen Organisationen
2. Analyse der Zielgruppen und des Imagetransfers für den Sponsor

Attraktivität herausstellen und erhöhen

3. Entwicklung attraktiver Angebote für Sponsoren. Denken Sie dabei in Leistung und Gegenleistung

Akquirieren, neue Kunden gewinnen

4. Recherche und Qualifizierung möglicher Sponsoren
5. Auswahl der passenden Sponsoren für Projekt und Organisation
6. Erarbeitung und Layout eines Sponsoringleitfadens
7. Entwicklung der Gesprächsstrategie
8. Kontaktaufnahme, Gespräche

Verhandeln sowie Angebot anpassen und justieren

9. Eventuell Weiterentwicklung passgenauer Aktivitäten
10. Vertragsabschluss

Beziehungen pflegen

11. Sponsorenbetreuung vor, während und nach der Aktion
12. Anschlussverträge im Auge behalten und neue Verträge akquirieren

Übrigens: Wenn Sponsoren von sich aus auf Sie zukommen, dann machen Sie ziemlich viel richtig. Sie sind so attraktiv, dass sich der Sponsor wie eine Biene von der Blüte angezogen fühlt. Manchmal kennen Sie auch den richtigen Entscheider und dann stehen die Türen offen, dann ziehen Sie jetzt Ihren Beziehungsjoker! Gute, bestehende Beziehungen sind durch nichts zu ersetzen. Doch häufig müssen Sie bei Null starten. Dann ist es gut zu wissen, wie Sie mit der „Ochsentour" ans Ziel kommen. Und je länger Sie dabei sind, umso mehr Beziehungsjoker haben Sie künftig im Spiel.

Aber aufgepasst: Bei aller Freude an einem Sponsor, überlegen Sie sich gut, mit wem Sie eine Sponsoringbeziehung eingehen. Denn bei Problemen können beide verlieren, egal wer für den „Skandal" verantwortlich ist.

Der Sponsoringleitfaden

Besondere Bedeutung und Gewichtung verdient Punkt 6, die Erarbeitung und das Layout eines Sponsoringleitfadens. Hier fließen alle Informationen zusammen. Deswegen an dieser Stelle nur einige Impulse, wie Sie einen guten Sponsoringleitfaden erstellen.

Folgende Gliederung hat sich bewährt:

Kurzübersicht

- Grußwort eines bzw. mehrerer Verantwortlichen als Referenz
- Kurzzusammenfassung der Organisation bzw. Veranstaltung
- Kurzzusammenfassung der Möglichkeiten und Vorteile eines Sponsorings

Diese Kurzübersicht „hangelt" sich am besten an den W-Fragen entlang. Mit der Formulierung der Kurzübersicht haben Sie zugleich eine gute Grundlage für einen einfachen Sponsorenbrief geschaffen. Den Sponsorenbrief ergänzen Sie am besten mit den Informationen der Übersichtsseite und der tabellarischen Darstellung Ihrer Sponsoringangebote.

Grundsätzlich gilt als gute Regel für Gliederung und Gestaltung:

So einfach wie möglich, so ausführlich wie nötig

Niemand möchte unnötig viel Zeit investieren, um sich mit Ihrem Angebot zu befassen. Bringen Sie das Wesentliche auf den Punkt, ohne dabei zu trocken und emotionslos zu kommunizieren. Daten und Fakten sind wichtig zur Argumentation – die emotionale Ansprache ist aber der Türöffner!

Ausführlicher Informationsteil

- Marketing und Werbekonzept der Organisation bzw. Veranstaltung (mit Abbildungen)
- Zielgruppenanalyse mit demografischen Daten
- Angebote für Sponsoren, Nutzen für Sponsoren mit Kontaktzahlen
- Individuelle, maßgeschneiderte Sponsoringpartnerschaften
- Referenzen im Bereich Sponsoring/Presseresonanz
- Ausführliche Informationen zu Organisation bzw. Veranstaltung

Kontaktdaten und Ansprechpartner

- Verantwortliche am besten mit ausführlichen Kontaktdaten und Bild zeigen
- Wenn möglich, Ansprechpartner für Referenzgespräche nennen

Übersichtsseite (event. Klappseite)

- Alle Sponsoringangebote als übersichtliche Tabelle auf einen Blick

Sie finden Links, wie so ein Leitfaden aussehen könnte, im Anhang.

 **Machen Sie einen Testlauf**

Machen Sie unbedingt einen Testlauf Ihres Sponsoringleitfadens, bevor Sie an die Öffentlichkeit gehen. Sie können dafür einen bestehenden Sponsoring- oder Businesskontakt nutzen.

Garantiert lassen sich so noch Unklarheiten beseitigen, Inhalte straffen und die Emotionalität erhöhen. Denken Sie daran: Sie wollen für Ihre Sache begeistern. Sorgen Sie dafür, dass es auch visuell gelingt, mit Bildern, Zitaten und vielleicht auch mit Statements.

Selbstverständlich wird der Umfang Ihres Leitfadens stark von der Größe und Bedeutung des Sponsorings abhängen. Für kleine Aktionen reicht oft ein einfacher Sponsorenbrief. Für eine Großveranstaltung kann dagegen so ein Leitfaden schon einmal einen Umfang von 50 Seiten erreichen. Sorgen Sie dann aber unbedingt für eine gute Gliederung und Gestaltung, die zum schnellen Querlesen einlädt. Manchmal braucht es genügend Informationen, um Marketingabteilungen zu überzeugen – denn diese müssen oft im Haus selbst argumentieren, um die Entscheidung für eine Sponsoringpartnerschaft voranzutreiben! Gerade Marketingabteilungen stehen auf Mediadaten bzgl. möglicher Kontakte und der Zielgruppe. Auch Referenzen von früheren Aktivitäten schaffen Vertrauen.

Denken Sie an eine gefällige Gestaltung, die nicht textlastig-basiert ist. Wenige aussagekräftige Bilder erhöhen die Wirkung ungemein.

Mit jeder schriftlichen Handreichung „lassen Sie die Hosen runter". Wenn dieser Leitfaden unprofessionell „rüberkommt", bzw. die Angebote oder das Erscheinungsbild zu wünschen übrig lassen, machen Sie es sich unter Umständen schwer, den dicken „Sponsoringfisch" an Land zu ziehen.

Denken Sie immer daran: Bei einer Sponsoringpartnerschaft verbindet sich der Sponsor bewusst mit Ihrem Auftritt und Ihrer Kommunikationskultur. Wenn hier zu große Lücken klaffen, die nicht geschlossen werden, bleiben Ihnen als potenzielle Sponsoren nur diejenigen, deren Kommunikationskultur ebenfalls keinen hohen professionellen Ansprüchen genügt. Darunter sind oft Handwerksbetriebe und Kleinunternehmen, die selbst wenig Wert auf eine professionelle werbliche Außenwirkung legen.

Deshalb gilt:

Sponsoren und gesponserte Organisation müssen zusammenpassen!

Wenn Sie hier Nachholbedarf haben und in eine andere Liga aufsteigen wollen, brauchen Sie wahrscheinlich professionelle Hilfe.

Ideen für Sponsoring und Fundraising

Beispiele für Sponsoring-/Unterstützeraktivitäten

Die Sponsoring-Klassiker

- **Markierung:**
  Textilien, Merchandising-Artikel, Geräte, Sportartikel
  Trikots, Freizeitkleidung, Kappen, Handtücher, Textilien etc.
- **Außenwerbung:**
  Banden-/Hallenwerbung, Präsentationsflächen, Hinweistafeln,
  Logowände, Fahrzeuge etc.
- **Printprodukte:**
  Anzeigen, Vereinszeitungen, Plakate, Veranstaltunsgsprogramme,
  Jubiläumsschriften etc.
- **Onlinemedien:**
  Logos, Internetbanner, Apps, Websponsoring etc.
- **Name-/Titel-Sponsoring:**
  Veranstaltungen, Sportstätten etc.
- **Sponsoring von Einzelpersonen, Mannschaften/Gruppen:**
  Teilhabe an der Entwicklung und Lebensgeschichten
- **Nutzung Prädikat:**
  Offizieller Lieferant, Partner, Ausstatter etc.

Übrigens nutzen die „Großen" überwiegend klassische Sponsorenformate.

Noch weniger gebräuchlich

- Micropayment oder Crowdfunding-Modelle, die auf einer Internetplatt-
  form beworben und abgewickelt werden. Gerade die Crowdfunding-
  Plattformen gewinnen immer mehr an Gewicht. Nur wenn das Projekt
  realisiert wird, zahlt der Unterstützer – so wird garantiert, bei einem
  erfolgreichen Projekt beteiligt zu sein.

- Präsentation des Sponsors bei verschiedenen Gelegenheiten: Pressekonferenz/Pressemappe, Veranstaltung etc.
- VIP-/Charity-/Gründungsveranstaltung Kartenkontingente, Kontaktmöglichkeit etc.
- Vermietung/Nutzung (Rechtliches beachten!) vereinseigener Anlagen, Geräte etc.
- Übungsleiterkompetenz für Angebote des Sponsors Betriebssport, Gesundheitsvorsorge, Mitarbeiterzufriedenheit etc.
- Auftritte, Catering, Bedienung/Bewirtung Firmenveranstaltungen etc.
- Portale im Internet, die Sponsoren und Vereine zusammenbringen (bis jetzt noch nicht der Renner und Vorsicht „Adressenklau")
- Agenturen übernehmen die Sponsorensuche auf Provisionsbasis. Wenig Risiko – aber persönliches Verhältnis wird aufgegeben
- „Gewinne", die mit Geld nicht zu kaufen sind: Fahrt im Ruderboot, Essen mit VIP, Spiel gegen berühmte Altherren-kicker etc.
- Einsparpotenzial-Modelle. Der Verein hilft dem Sponsor, Geld zu sparen und von dieser Einsparung zu profitieren. So könnte der Sponsor Strom durch den Abschluss eines neuen Vertrages sparen – die eingesparte Summe kommt dem Verein zugute.
- Werbebanner auf Internetseite, z. B. für Versicherungsmakler (jeder Klick gibt Geld, ein vereinbartes Beratungsgespräch mehr, der Abschluss noch mehr). Dieses Konzept gibt es genauso für Strom und Ähnliches.
- Affiliate-Marketing (eine gut besuchte Seite vorausgesetzt) bringt Geld durch von Google geschaltete Anzeigen

Denken Sie daran: Je origineller die Idee ist, je besser sie zum Sponsor passt, umso mehr Erfolg verspricht sie. Und noch eine Warnung: Vorsicht bei Dienstleistern, die Sie bei der Sponsorensuche unterstützen wollen. Zuviele wollen nur Ihre Kontakte und Mitgliederadressen nutzen. Wenn Sie diesen Weg dennoch einschlagen: Verlangen Sie Referenzen und prüfen das Angebot genau. Und seien Sie sich stets bewusst: Ein „Fremder" tritt in Ihrem Namen auf – Sie verlieren an Einfluss!

 **Bleiben Sie aktuell**

Googeln Sie von Zeit zu Zeit im Internet zum Thema Sponsoring. Das bringt Sie auf Ideen und zeigt die neuesten Trends. Schauen Sie genauso, was andere machen. Schauen Sie über den Tellerrand Ihrer Organisation. Was machen Große, Kleine, der Nachbarverein. Blicken Sie über den „großen" und kleinen Teich. Andere Länder, andere Sponsoringsitten. Manches lässt sich übertragen, manches inspiriert.

Die Zeiten ändern sich – verlieren Sie nicht den Anschluss.

 **Übung macht den Meister**

Experimentieren Sie mit diesen Impulsen des Leitfadens. Finden Sie den für Sie individuell passenden Weg. Integrieren Sie Ihre Erfahrungen, Ihre Persönlichkeit bei der Akquise. Dann sind Sie authentisch und überzeugend.

Fangen Sie einfach an. Übung ist durch nichts zu ersetzen! Und mit jeder Sponsorenakquisition gewinnen Sie an Kompetenz dazu!

Noch einige Anstöße für die ersten Schritte

Soviel Struktur wie nötig, so große Spielräume wie möglich.

Gehen Sie gründlich und strukturiert vor, lassen Sie aber Platz für Spontanität und Intuition. Vergessen Sie über dem Pläneschmieden nicht das Handeln. Manchmal ist es ein guter Weg, Pläne zu verfolgen – und dann alles zu vergessen, was dem Erfolg im Weg steht – z. B. auch den Plan!

Sponsoring – eine Grundsatzentscheidung

Eine wichtige Frage sollten Sie klären, bevor Sie in das Sponsoring einsteigen: Wie soll sich die Organisation den Sponsoren öffnen, wie weit darf die Kommerzialisierung gehen? Denn Sponsoring heißt, ideelle und wirtschaftliche Dinge zusammenzubringen. Das passt nicht immer und passt nicht jedem. Jede Münze hat zwei Seiten. Sehen Sie die Chancen und die Risiken. Denken Sie visionär und bleiben Sie trotzdem realistisch! Setzen Sie sich ambitionierte, aber erreichbare Ziele! Das erspart Enttäuschungen.

Viele Wege führen nach Rom

Es gibt niemals nur den einen richtigen Weg. Lassen Sie Ihren Mitstreitern für die Sache Freihheit, wenn die Richtung stimmt. Sprechen Sie sich aber ab. Nichts ist schlimmer, als nicht zu wissen, was im „eigenen Haus" passiert und wer bei wem um Unterstützer wirbt. Gerade bei Vereinen macht es einen sehr schlechten Eindruck, wenn verschiedene Abteilungen unkoordiniert auf den gleichen Sponsor „losgehen".

Motivation auf dem Weg

Sorgen Sie für kleine Erfolge auf dem Weg. Das erhöht die Motivation dranzubleiben und zeigt, dass Sie auf dem richtigen Weg sind und sich die Anstrengung lohnt. Nichts wirbt mehr für den intensiveren Einstieg ins Fundraising, als wenn Geld in die Kasse fließt.

Partnerschaft: Einfluss oder Einmischung

Ihr Sponsoringpartner möchte etwas für sein Geld. Er ist kein selbstloser Mäzen oder wohlwollender Spender. Vielleicht möchte er Einfluss nehmen, damit die Sponsoringbeziehung seine Wünsche noch besser erfüllt. Das ist legitim – genauso wie Sie die Philosophie Ihrer Organisation zu verteidigen haben. Es ist nicht immer einfach hier den Ausgleich zu finden. Bei einem passenden Sponsor muss es aber ein mögliches Ziel sein. Verkaufen Sie nicht „Ihre Seele" – lieber verzichten Sie auf Sponsoringvorteile und suchen sich einen neuen Partner!

Sponsoring aus der Sicht des Sponsorgebers

Die ersten beiden Teile des Leitfadens sind aus der Persektive des Sponsornehmers geschrieben. Für die erfolgreiche Akquise ist es aber, wie gleich am Anfang betont, wichtig sich in den Sponsor hineinversetzen zu können. Nur so kann kompetent und fair der Nutzen für den Sponsor argumentiert werden. Dieses Kapitel ist speziell für Unternehmen, Organisationen und Personen geschrieben, die als Sponsorgeber aktiv sind oder aktiv werden möchten.

Eine weitere Möglichkeit: Sie gehen als Sponsornehmer diese nun genannten Dinge gemeinsam mit Ihrem potenziellen Sponsor durch, denn die folgenden Gedanken fördern Gespräche auf Augenhöhe! Bewusst haben wir dieses Kapitel kurz und in Stichpunkten gehalten. So eignet sich dieser Teil besonders als Argumentationshilfe und Handout in einem Gespräch.

Grundsätzliche Motivation als Sponsorgeber aufzutreten

Bereits im Römischen Reich wurde Kunst und Sport aus verschiedenen Motiven gefördert. Brot und Spiele! Auch heute profitieren Unternehmen und Organisatoren von ihrem Engagement als Sponsor. Das gilt nicht nur für große Unternehmen, sondern auch für kleine und mittelständische, wenn Sie sich den passenden, vielleicht regionalen Sponsornehmer suchen.

So können Sie als Sponsorgeber vom Sponsoring profitieren:

- Das Unternehmen oder die Organisation gewinnt an Bekanntheit in der Region und das Image wird gestärkt.

- Mit Sponoring erreichen Sie eine „gutgelaunte" und emotional bewegte Zielgruppe.

- Mit Sponsoring angesprochene Zielgruppen können nicht „wegzappen".

- Sie veringern Streuverluste durch passgenaue Auswahl des Gesponsorten. Für fast alle „Werte" lässt sich ein geeigneter Sponsornehmer finden.

- Sponsoring hat eine höhere Akzeptanz als klassische Werbung. Gesellschaftliches Engagement und Förderung kommt gut an. Auch innerhalb der Organisation bzw. des Unternehmens.

- Die persönlichen Kontaktmöglichkeiten zu Geschäftspartnern und zu wichtigen Partnern können besonders gut geknüpft und gepflegt werden. Sponsoring unterstützt Netzwerkaktivitäten.

- Der Sponsorgeber profitiert am öffentlichen Interesse für den Sponsornehmer. Sponsoring ist ein effektives PR-Instrument.

Es gilt aber auch die Kehrseite von Sponsoringaktivitäten zu bedenken

- Der Sponsor „steigt und fällt" mit dem Image, der Akzeptanz und dem Erfolg des Sponsornehmers. Wer zu Zeiten des Hochkochens der Dopingaffaire im Radsport aktiv war, hatte nicht nur ein positives Image.

- Die Informationstiefe der Werbebotschaften ist begrenzt. Erklärungsbedürftige Sachverhalte können nur angerissen werden. Der direkte Bezug zu einem Produkt oder einer Dienstleistung ist selten gegeben.

- Kurzfristiges Engagement ist weniger zielführend. Sponsoring braucht ein mittel- und langfristiges Konzept – Sponsoring braucht langen Atem.

- Sponsoring ist keine direkte Verkaufsförderung.

Sie sehen, dass die positiven Wirkungen für ein Engagement als Sponsor in den meisten Fällen überwiegen. Die Rahmenbedingungen müssen aber

passen. Welche das sind können Sie gleich anhand einer Checkliste überprüfen. Grundsätzlich aber gilt, vorausgesetzt Sponsor und Sponsornehmer passen zusammen, entwickeln sich durch das Sponsoring folgende
Unternehmensparameter positiv:

- Die Kaufabsicht

- Das Image und die Sympathiewerte

- Die Bekanntheit

- Die Nutzung des Produkts/der Dienstleitung

- Die Netzwerkkontakte

Heute gibt es viele Möglichkeiten als Sponsor aktiv zu werden

Sponsoring entwickelt sich. Immer mehr Organisationen öffnen sich für
den Kontakt zu Sponsoren. So wird es einfacher für Unternehmen sich
in den Bereichen zu engagieren, die zu den angebotenen Leistungen und
zur Unternehmenskultur passen.

- **Sport-Sponsoring:**
  Unterstützt werden sportliche Ereignisse, Vereine, Abteilungen oder
  einzelne Sportler. Sport steht für eine besondere Emotionalität und für
  großes mediales Interesse.

- **Kultur-Sponsoring:**
  Gerade kulturelle Veranstaltungen sind Publikumsmagneten mit
  besonderem Flair und Wertigkeit.

- **Sozial- und Öko-Sponsoring:**
  Hier können sich Unternehmen besonders als „guter Bürger" ('Good
  Corporate Citizen') präsentieren.

- **Schul- und Hochschul-Sponsoring:**
  Von guter Bildung profitiert die Gesellschaft und die Wirtschaft gleichermaßen. Etwas Gutes für die Jugend (am besten in der Region) zu tun, kommt an. In Zeiten der knappen Kassen der Bildungsträger bieten sich hier interessante Möglichkeiten. Auch die Verknüpfung mit Sport- und Kultur ist leicht möglich.

- **Medien- und Programm-Sponsoring:**
  Unternehmen unterstützen Beiträge (z. B. Filme, Features, Artikelreihen). Hier ist die Abgrenzung zur klassischen Werbung oft schwierig.

- **Event-Sponsoring:**
  Auch wenn es bei den Events meistens um Sport- oder Kulturunterhaltung geht – auch Bildungs- oder Kontaktevents sind eine gute Möglichkeit für Sponsoren.

 **Sind wir als Sponsorgeber schon fit und gut aufgestellt**

Mit der folgende Checkliste und den 20 Fragen können Sie schnell und einfach testen, ob Sie jetzt schon in das Sponsoring einsteigen können oder ob noch „Hausaufgaben" zu machen sind.

Für Fragen, die Sie mit Ja beantworten, vergeben Sie 2 Punkte
Für Fragen, die Sie mit Jein beantworten, vergeben Sie 1 Punkt
Für Fragen, die Sie mit Nein beantworten, vergeben Sie 0 Punkte

1. **Besteht die Bereitschaft, sich finanziell einzubringen?**
   Manche vertrauen, dass dem Sponsoringnehmer auch überwiegend mit Sachleistungen gedient ist. Das ist selten der Fall.
   Punkte (_____)

2. Sind ausreichend Mittel vorhanden?

Dabei ist nicht nur die reine Investition ausschlaggebend. Gerade der Anteil der Sponsoring-Aktivitäten im Werbeetat entscheidet über die Wirksamkeit. Als Faustregel gilt: mindestens 7% des Marketingetats sollten in das Sponsoring investiert werden.

Punkte (_____)

3. Besteht die Bereitschaft, Zeit und andere Ressourcen einzubringen?

Sponsoring geht nicht so nebenbei. Gute Sponsoringbeziehungen brauchen Engagement von beiden Seiten.

Punkte (_____)

4. Gibt es eine Marketing-Konzeption?

Ein strategisch geplantes Sponsoring setzt voraus, dass im Unternehmen Marketing zielorientiert betrieben wird. Es geht u.a. um das Image, die Kundenbedürfnisse, die Markenpositionierung, die Alleinstellungsmerkmale, das Erscheinungsbild, das CI.

Punkte (_____)

5. Wird Sponsoring verstanden?

Ist entsprechendes Know-How vorhanden. Sind die Akteure sponsoringerfahren oder bereit, sich das nötige Wissen anzueignen.

Punkte (_____)

6. Ist Sponsoring in das Marketingkonzept integriert?

Nur eine intelligente Verzahnung bringt den gewünschten Erfolg.

Punkte (_____)

7. Sind Sie bereit, auch ungewöhnliche, neue Wege zu gehen?

Die klassischen Sponsoringaktivitäten sind gut. Besonderes ist wirksamer?

Punkte (_____)

8. Ist langer Atem vorhanden, nachhaltiges Denken und Handeln?
Kurzfristige Aktivitäten zahlen sich weniger aus als langfristig ange-
legte Sponsoringpartnerschaften.
Punkte (_____)

9. Ist genügend Begeisterung vorhanden?
Das Sponsoringengagement sollte von einer breiten Basis getragen
werden. Steht auch die Geschäftsführung hinter dem Engagement?
Punkte (_____)

10. Gibt es Erfahrungen mit Events?
Eine introvertierte Firmenkultur ist ist nicht gerade für das Sponsoring
förderlich.
Punkte (_____)

11. Sind die Erwartungen realistisch?
Sponsoring ist keine kurzfristige Absatzförderung. Sponsoring
verkauft selten unmittelbar.
Punkte (_____)

12. Werden Controlling und Feedbackinstrumente genutzt?
Vertrauen ist gut, Kontrolle besser – auch um die Maßnahmen zu
justieren. Dazu notwendig ist, dass die Ziele festgeschrieben sind.
Gibt es Instrumente, die die Wirkung der Sponsoringaktivitäten zuver-
lässig bewerten?
Punkte (_____)

**13. Wird genügend Wert auf die Qualität der
Sponsoring-Präsentation gelegt?**
Eine schlechte Präsentation schädigt. Kann auf den Sponsornehmer
diesbezüglich eingewirkt werden?
Pinkte (_____)

14. Bietet der Sponsornehmer eine überzeugende Präsentation seiner Möglichkeiten und Leistungen?

Diese unterscheidet sich von der klassischen Medienpräsentation.

Punkte (_____)

15. Stimmt die Chemie der Zusammenarbeit und Sponsoringbeziehung?

Sponsoring fordert hier besonders viel. Besteht die Möglichkeit, diese Kontakte zu pflegen und zu festigen.

Punkte (_____)

16. Sind Sie bereit sich selbst einzubringen?

Nur auf einen professionellen Partner zu vertrauen, ist nicht gut. Gesponsorter und Sponsor müssen eine gute Beziehung haben. Gute Akquisitionspartner bringen Ideen und Erfahrung ein, sind Moderatoren, Mittler, Sparringspartner.

Punkte (_____)

17. Werden die Sponsoringaktivitäten steuerlich und rechtlich korrekt geplant und umgesetzt?

Hier lauern immer Fallstricke für beide Vertragsparteien. Sorgen Sie für Sicherheit, das schafft Vertrauen.

Punkte (_____)

18. Besteht die Bereitschaft, kooperativ mit anderen Sponsoren zusammenzuarbeiten?

Vorausgesetzt die Sponsoringgemeinschaft harmoniert, bieten sich hier viele Chancen.

Punkte (_____)

19. Sind Sie bereit, auf dem Laufenden zu bleiben, was Sponsoring betrifft?

Märkte und Möglichkeiten verändern sich. Sie können viel von anderen lernen, blicken Sie über den Tellerrand der Branche. Blicken Sie über den großen Teich. Erkennen Sie Licht und Schatten.

Punkte (_____)

20. Sind Sie bereit, den nächsten Schritt zu tun? Und wann konkret fangen Sie an?

Punkte (_____)

Sie erwarten jetzt vielleicht eine Auswertung in der Art „25 und mehr Punkte: Sie können loslegen!" So einfach machen wir es Ihnen nicht aus gutem Grund. Reflektieren und interpretieren Sie Ihr Ergebnis, nicht mehr. Denn niemand kann Ihnen einen besonderen Erfolg garantieren oder auch bei wenig Punkten einen Misserfolg voraussagen. Jede unternehmerische Entscheidung jedes Für und Wider, jedes Ja und Nein braucht Mut.

Weiterführende Informationen

Lesenwerte Bücher und Medienlinks

Organisationsentwicklung als Basis für Sponsoringaktivitäten

Wenn Ihr Verein gut entwickelt ist und sich immer wieder anpasst, stimmen die Voraussetzungen für eine Sponsoringpartnerschaft. Die Entwicklungsfelder Ideen, Struktur, Ressourcen, Entwicklung, Handeln und Führung spielen dabei eine große Rolle. In dem Sachbuch „Erfolg in Balance" finden Sie viele Impulse, wie Sie Ihren Verein fit für die Zukunft machen und so Ihre Chancen für erfolgreiches Sponsoring vergrößern.

„Erfolg in Balance", Das-7-Felder-Prinzip

Buchempfehlung zum Sponsoring und Fundraising

Die Bücher direkt zum Thema Sponsoring und Fundraising sind meistens zu wenig auf kleinere Vereine abgestimmt. Doch für eine grundsätzliche Einführung ist folgendes Buch nicht schlecht:

„Fundraising"

Buchempfehlung zur Akquise im Allgemeinen

„Heiß auf Kaltakquise"

„Back to Basic - Verkaufen heute"

Buchempfehlung zum Vereins- und Steuerrecht

„Vereinsrecht: Ein Leitfaden für Vereine und ihre Mitglieder"

Links und Downloads

Nachfolgend noch einige Links, um tiefer in das Thema einzusteigen. Für die Aktualität und den Inhalt dieser Links übernehmen wir keine Haftung:

Vereinsunterstützung, „Württembergischer Landessportbund"
http://www.wlsb.de

Steuerrecht Sponsoring,
„Baker Tilly Roelfs Steuerberatungsgesellschaft mbH"
http://www.bakertilly.de/ueber-uns/themen-koepfe/5b20443b01c10d14cecc8eae0d2fe97
1/?tx_btrstaff_pi1[showUid]=29

Affiliate Marketing, „Contentmanager"
http://www.contentmanager.de/magazin/artikel_127_einfuehrung_affiliate_marketing.html

Steuer allgemein, „Vereinsbesteuerung"
http://www.vereinsbesteuerung.info

Sponsoren allgemein, Vereinssponsoren"
http://www.vereinssponsoren.com/

Informationen zu Sponsoringaktionen,
Eingabe im Suchfenster Sponsoring bzw. Fundraising
http://www.buetefisch.de